Disney ZOOMANIA

DAS BUCH ZUM FILM

TEXT VON VICTORIA SAXON

INHALT

Einleitung	4–5
Judy Hopps	6–7
Stu und Bonnie Hopps	8–9
Der Umzug	10–11
Willkommen in Zoomania	12–13
Bürgermeister Lionheart	14–15
Stadtzentrum	16–17
ZPD	18–19
Bogo und Clawhauser	20–21
Jeder kann alles sein!	22–23
Judys Polizeiausrüstung	24–25
Nick Wilde	26–27

Finnick	**28–29**
Nicks Tipps für anständige Abzocke	**30–31**
Folgen Sie diesem Wiesel!	**32–33**
Fallakte	**34–35**
Zweite Bürgermeisterin Bellwether	**36–37**
Straßenwissen	**38–39**
Mystic Spring Oasis	**40–41**
Yax	**42–43**
DMV-Büros	**44–45**
Flash	**46–47**
Mr. Big und Fru Fru	**48–49**
Mr. Bigs Anwesen	**50–51**
Was für ein Zoomanier bist du?	**52–53**
Manchas	**54–55**
Zweigeteilt	**56–57**
Judys Tätersuche	**58–59**
Bewerte ein Tier nicht nach seinem Pelz!	**60–61**
Polizeiliche Zulassungsprüfung	**62–63**
Danksagung	**64**

EINLEITUNG

Alles hereingehoppelt nach Zoomania! In dieser tierischen Großstadt leben Räuber und Beute miteinander. Hier winken Träume für jedermann, ganz unabhängig von Größe, Statur oder Pfotentyp.

Bei der Suche nach einem vermissten Tier muss die frischgebackene Hasenpolizistin Judy ein Abenteuer bestehen und Zoomanias größtes Rätsel lösen. Wird Judy – mithilfe eines Fuchses – den Mut haben, einen Fall zu lösen, der die ganze Stadt in Atem hält?

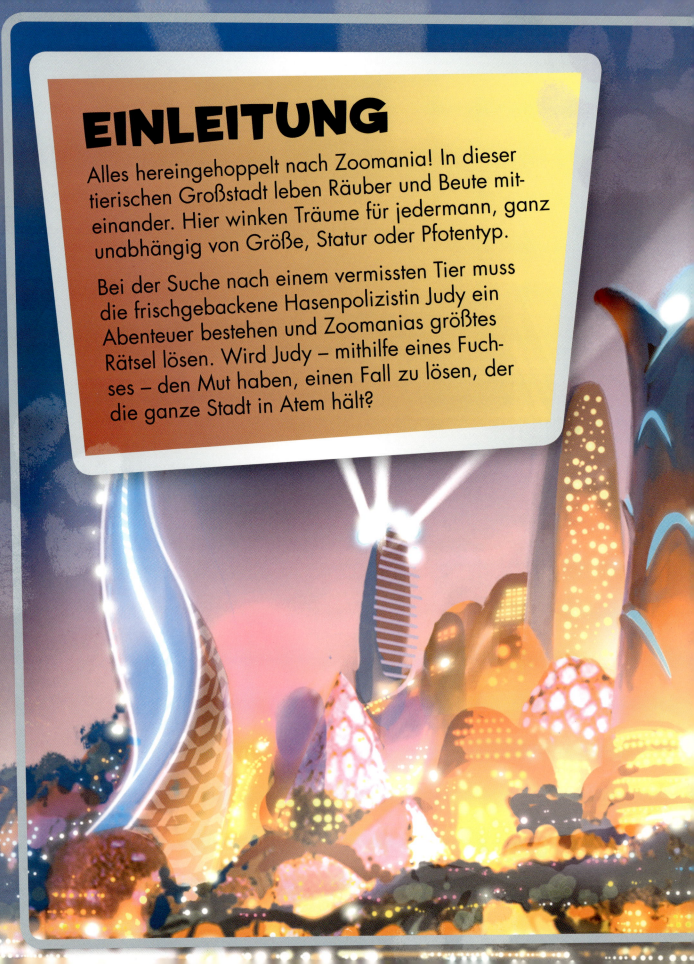

JUDY HOPPS

Judy Hopps ist eine junge Häsin mit großem Ehrgeiz: Sie will die erste Hasenpolizistin von Zoomania werden! Zielstrebig, wie sie ist, übernimmt sie begeistert ihren ersten Fall, denn Judy ist sich sicher, dass in Zoomania „jeder einfach alles sein kann"!

Extra lange, geniale gute Ohren

In diesen Augen leuchtet Begeisterung.

Die Beste der Besten

Judy schließt die Polizeischule von Zoomania als Klassenbeste ab. Dazu müssen die Schüler Sandstürme, Boxkämpfe und Eiswälle meistern – aber mit Mut und harter Arbeit gelingt Judy alles.

Aufstrebend

Ihr ganzes Leben hat Judy darauf hingearbeitet, die Polizeiuniform zu tragen. In der jährlichen Talentshow trat sie als Kind in ihrem eigenen Theaterstück über den Beitritt zur Polizei auf!

Flinke Füße zum Rennen und Hüpfen

FAKTEN

★ **WOHNORT:** Stadtzentrum Zoomania

★ **HOBBYS:** Anderen helfen, davon träumen, etwas zu bewirken

★ **VORLIEBEN:** Möhren, Vorbereitung, Umarmungen

Detektivtalent
Judy nutzt ihre Beobachtungsgabe bei der Suche nach Hinweisen. In einer Limousine findet sie Eisbärenfell, Kratzspuren, die Börse des Opfers und Cocktailgläser mit dem Buchstaben „B". Interessant …

„Nenn mich nicht süß."
Judy

Judy rennt
Officer Hopps bereit zum Einsatz! Judy ist nicht so stark wie die anderen Polizisten, aber sie ist schnell und wendig. Außerdem ist nur sie klein genug, um einem Dieb durch den Eingang des Nagerviertels Little Rodentia zu folgen.

Hart, aber nett
Nach einem Missverständnis nimmt die herzliche Judy den Verbrecherboss Mr. Big für sich ein. Sie kommt einfach gut mit anderen Tieren klar.

TOP 3 GRÜNDE, POLIZIST ZU WERDEN
1. Um das Recht zu schützen!
2. Um den Bürgern zu dienen!
3. Um die Welt besser zu machen!

STU UND BONNIE HOPPS

Stu und Bonnie haben ihr ganzes Leben in Nageria verbracht. Sie sind stolz auf ihre Farm und finden das Landleben herrlich. Sie lieben es, ihre ganze Familie um sich zu haben. Deshalb planen sie auch Videotelefonate, um mit Judy in Kontakt zu bleiben, wenn sie in die große Stadt zieht.

FAKTEN
Stu und Bonnie

★ **BERUF:** Besitzer von Hopps' Obst und Gemüsefarm

★ **HOBBYS:** Brettspiele mit den Kindern

★ **ABNEIGUNGEN:** Schrumpelige Möhren, Städte

Trautes Heim
Am Haus von Bonnie und Stu wurde oft angebaut, damit ihre 276 Söhne und Töchter alle ein eigenes Bett haben. Es kann schon ein bisschen eng werden!

Alte Ängste
Stu macht sich ständig Sorgen – vor allem über Raubtiere. Er weiß, dass Bären, Löwen und Wölfe vor Urzeiten wild und gefährlich waren. Als Hase kann man gar nicht vorsichtig genug sein!

Stolzer Vater
Stu kommen häufig die Tränen, vor Glück genauso wie aus Wehmut. Er ist so was von stolz auf seine „Mümmelnase" Judy, als sie die Zoomania Polizeischule schafft. Und als Stu erfährt, dass sie künftig Falschparker aufschreibt, ist er sehr froh – da kann ihr ja gar nichts passieren!

8

„Sie ist keine echte Polizistin! Unsere Gebete wurden erhört!"
„Das wird gefeiert!"
Stu und Bonnie

Moderne Mutter

Die sanfte Bonnie kümmert sich um ihre Kinder und weiß immer genau, wie sie sich fühlen: Sie sieht es ihnen an den Ohren an! Bonnie ist vernünftiger als Stu und durchaus gespannt auf Judys neues Leben.

Die Baseballkappe schützt vor der Sonne.

Die samtweichen Ohren sind innen rosa.

Mitgrünes Shirt

Praktische Latzhose für die Arbeit auf dem Feld.

Judys Pfote hält das Smartphone.

SCHON GEWUSST?
Stu spielt regelmäßig Karten mit einem Wiesel!

9

DER UMZUG

Hase im Glück: Für Judy geht es in die Stadt, um als Polizistin zu arbeiten! Sie will gut vorbereitet sein, deshalb hat sie Listen mit allem, was sie mitnehmen muss. So hat sie den Kopf frei, um die beste Polizistin zu werden.

MÖHREN-SNACKS: SCHEIBEN, WÜRFEL, GANZ, SAFT!

SCHECKHEFT!

U-Bahnplan!

Wohnungsadresse!

MÖHRENGLÜCKSSTIFT!

Familienfotos!

Smartphone!

Einsteigen bitte!
Judy fährt vom Nageria Bahnhof mit dem schnellen Zug des Zoomania-Express' zum Zoomania Hauptbahnhof, der im Herzen der Stadt liegt.

Bis bald, Nageria!
Judy wird ihre Familie vermissen, denn die Stadt ist weit weg. Von ihren Eltern erhält sie eine Rückfahrkarte, damit sie zu Besuch kommt!

Leichtes Gepäck

Judy will mit leichtem Gepäck reisen, damit sie gut durch die Stadt und zu ihrer neuen Wohnung kommt. Ihre Lieblingsstoffhasen nimmt sie aber schon mit.

Vorsicht statt Nachsicht

Judy weiß, dass Füchse heutzutage kein Problem mehr sind. Aber Stu besteht darauf, dass sie ein Anti-Fuchs-Spray mitnimmt. Er drängt ihr ein ganzes Notfallpaket auf – mit Fuchsabwehrmittel und Fuchsschocker!

Taschenlampe!

ZEUGNIS!

Restaurantführer!

Anti-Fuchs-Spray!

Überlebensbuch Zoomania!

FAHRKARTE!

Organisiertes Häschen

Judy hat sich bereits eine Wohnung gesucht und die Miete im Voraus bezahlt. Außerdem hat sie sämtliche Stadtführer von Zoomania gelesen, damit sie weiß, wo man Gemüse kaufen kann.

WILLKOMMEN IN ZOOMANIA

Zoomania ist eine Metropole, in der alle Säugetiere – ob sie nun Klauen oder Nägel haben, flauschig oder zottelig sind – die perfekte Umgebung finden. Man kann dort von der eisigen Tundra in die heiße Wüste reisen, und das in weniger als einer Stunde!

① Amazonas-Viertel
Dieses Viertel ist etwas für Tiere, die den Regen lieben, wie etwa Jaguare. Es ist ein Feuchtgebiet mit nassen Baumhäusern und rutschigen Straßen.

② Stadtzentrum Zoomania
Alt, neu, riesig oder klein: Hier gibt es alle Arten von Läden, Büros und Wohnungen. Der Hauptbahnhof von Zoomania ist die größte Haltestelle im Stadtzentrum.

Schneebedeckte Berge von Tundratown

Wüstenpalme

3 Little Rodentia
Little Rodentia ist eine winzige Siedlung für die kleinsten Einwohner des Stadtzentrums. In den tollen Hotels und Restaurants ist nur für Nagetiere Platz.

KAUM ZU GLAUBEN
Vor Tausenden Jahren war Zoomania nur ein Wasserloch für Säuger, aus dem langsam eine Stadt wurde. Heute ist es nach wie vor ein Ort, an dem man sich trifft.

4 Sahara Square
Der vornehme Sahara Square ist heiß und trocken. Will ein Tier sich sonnen (oder einfach eine Schwitzkur machen), lohnt sich ein Besuch in diesem Viertel!

BÜRGERMEISTER LIONHEART

Leodore Lionheart ist Bürgermeister von Zoomania. Der große, laute und etwas beängstigende Löwe will seine Stadt strahlen sehen. Immerhin kann hier jeder alles sein. Lionheart tut, was nötig ist, damit das Stadtleben wie am Schnürchen läuft.

LÖSE DEN FALL

Lionhearts Vertuschungsaktion mit den vermissten Tieren bringt Judy eine Erkenntnis – alle Tiere, die zu Bestien werden, sind Räuber!

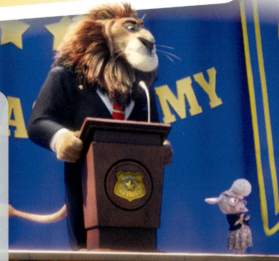

Abschlussrede

Bürgermeister Lionheart hält bei Judys Abschlussfeier eine Rede. Er ist stolz auf die erste Häsin, welche die Polizeischule von Zoomania abschließt. (Und mehr Wählerstimmen bringt es ihm hoffentlich auch.)

Fortschrittlich

Lionheart verkündet, dass Judy die erste Absolventin aus seiner Säuger-Inklusions-Initiative ist. Diese Maßnahme verhilft kleinen Tieren zu Jobs, die sonst nur große Tiere ergattern.

Seltsamer Auftritt

Judy und ihr Begleiter Nick sind schockiert, als sie Lionheart in einer gruseligen Anstalt entdecken. Judy nimmt die Stimme des Bürgermeisters mit dem Smartphone auf. Irgendwas stinkt doch an diesem Politiker!

FAKTEN

★ **VORLIEBEN:** Wähler, ein glückliches Stadtklima

★ **PERSÖNLICHKEIT:** Auffällig, laut, einnehmend

★ **ABNEIGUNGEN:** Öffentlich mit Problemen umgehen, Wahlen verlieren

Buschige Mähne gebietet Aufmerksamkeit.

Verwegene rote Krawatte mit Klammer

Grauer Politikeranzug

Krallen in der Öffentlichkeit eingezogen

Demütige Stellvertreterin

Die Zweite Bürgermeisterin Bellwether ist so bescheiden und sanft, dass der Bürgermeister sie manchmal lästig findet: Ständig schwirrt sie Lionheart um die Pfoten oder stolpert über seinen Schwanz.

Große Persönlichkeit

Lionheart schwingt große Reden und hat ein großes Ego. Er ermutigt Judy und andere, in Zoomania Träume zu verwirklichen. Aber er ist auch mal schroff. Die Zweite Bürgermeisterin Bellwether kann ein Lied davon singen!

15

STADTZENTRUM

Das Stadtzentrum von Zoomania ist ein Schmelztiegel aus Klauen, Fell und Hufen. Dort mischen sich Eisbären unter Spitzmäuse. Ganz schön verwirrend, wenn man neu ist – man muss gut aufpassen, damit man auf niemanden tritt und nicht selbst platt gemacht wird!

RICHTIG ODER FALSCH?

Die Einwohner von Zoomania bestehen zu 90% aus Beutetieren.

Antwort: Richtig!

Tiere unterwegs

Hier treffen Ausflügler auf Angestellte vom Rathaus oder anderen Büros. Tiere, die sich wie Büffel gern in großen Herden bewegen, werden angehalten, auf dem Gehweg zu bleiben und Ampelsignale zu beachten.

Nachtleben

Im Stadtzentrum von Zoomania ist zu jeder Uhrzeit etwas los. Helle Lichter und coole Musik durchdringen die Nacht. Hier wird es niemals ruhig!

Für jede Größe
Tiere aller Art können sich problemlos durch die Stadt bewegen. Die Fußwege sind für jede Größe und jedes Gewicht geeignet.

Neue Wohnung
Judy mag ihre einfache, kleine Wohnung. Auf dem Schreibtisch kann sie aufgewärmte Möhrengerichte verspeisen. Ihr Bett ist zwar ungemütlich, aber ihre Stoffhasen haben Platz!

Tor zur Stadt
Judys erste Anlaufstelle in Zoomania ist der geschäftige Bahnhof mit seinen vielen Gleisen und bunten Anzeigetafeln sowie Saftbars und Cafés – für Neuankömmlinge ein beeindruckender Anblick!

Die Polizisten lassen gerne ihre Muskeln spielen.

Tafel mit Kreidezeichnung

Sprechpult des Chiefs

ZPD

Im Zoomania Police Department (ZPD) arbeiten die angeblich härtesten, klügsten und stärksten Tiere der Stadt. Sie sorgen für Sicherheit auf den Straßen von Zoomania. Auf dem Revier ist es laut, hektisch und es gibt immer etwas zu tun!

Spannungen im Team
Nashornpolizist McHorn und seine Kollegen sind der neuen Rekrutin nicht gerade wohlgesonnen. Aus ihr wird nie ein echter Polizist! Judys freundlicher Knuff geht nach hinten los, als er sie beinahe niederschlägt!

Riesiges Hauptquartier
Das Hauptgebäude der Polizei ist eine echte Sehenswürdigkeit mit seinem großen Eingang und dem grasbedeckten Dach. Innen ist genug Platz für Gauner, die geschnappt wurden.

Die Karte zeigt, wo vermisste Tiere zuletzt gesehen wurden.

TOP 3
AUFREGER FÜR CHIEF BOGO
1. Wenn sich der Bürgermeister einmischt
2. Polizeihase mit Größenwahn
3. Donut-Krümel auf Fallakten

Der Aufenthaltsraum
Zu Beginn jeder Schicht trifft sich der Chief mit seinen Leuten, um laufende Fälle zu besprechen und Aufgaben zu verteilen. Das Team kommt im Aufenthaltsraum mit seinen riesigen Tischen und Stühlen zusammen.

BOGO UND CLAWHAUSER

Von seinen Polizisten verlangt der ruppige Chief Bogo ziemlich viel. Bogo ist groß und Furcht einflößend, ZPD-Empfangsmitarbeiter Clawhauser dagegen ist einfach nur groß. Ansonsten ist er eine Frohnatur!

SCHON GEWUSST?
Clawhauser ist ganz verrückt nach der Pop-Sensation Gazelle.

Immer der Reihe nach
Clawhauser bittet aufgebrachte Tiere um Geduld. Sie sollen bitte in der Reihe warten und dürfen nicht ohne einen Termin in Bogos Büro.

Hektische Termine
Clawhauser liebt seinen Job am Empfangstresen, auch wenn er sich um Besucher kümmern, Fallakten ordnen und neuen Polizisten helfen muss. Snacks sind sein Ein und Alles – vor allem Donuts!

Flaumiger Pelz passend zur Persönlichkeit

Krümel auf der ganzen Vorderseite

Enges Hemd wegen Donut-Leidenschaft

FAKTEN

 SPEZIES: Gepard

 KENNZEICHEN: Oranges Fell mit schwarzen Punkten, pummelige Wangen

 VORLIEBEN: Eine ganze Packung Süßes vor sich haben

20

Ganz sachlich

Als Polizeichef ist Bogo ziemlich streng mit seinen Leuten. Selbst die Härtesten müssen sich Bogos Respekt erst verdienen – Klassenbeste an der Polizeischule hin oder her!

Vier goldene Sterne zeigen den Dienstrang.

Nicht begeistert

Chief Bogo ist nicht begeistert von der Hasenpolizistin. Er ist überzeugt, dass Judy nicht ins ZPD gehört, und will ihr zunächst keinen Fall geben, so sehr sie ihn auch bittet.

Stets gut gebügelte Uniform

Starke, muskulöse Arme

FAKTEN

★ **KENNZEICHEN:** Dicker Hals, spitze Hörner

★ **ABNEIGUNGEN:** Ungehorsam, Zeitverschwendung

★ **SEHR WAHRSCHEINLICH:** Entlassen von neuen Polizisten ohne Vorwarnung

Kein Geschwätz

Bogo hat keine Zeit für Geschwätz auf dem Revier. Geburtstagsglückwünsche sind gerade noch drin, aber neue Kollegen werden nicht vorgestellt.

JEDER KANN

ÜBER MICH NEWS COOLES ZEUG

Mein erster Arbeitstag

Ich war unglaublich aufgeregt an meinem ersten Arbeitstag bei der Polizei! Er ist nicht ganz so verlaufen, wie ich es erwartet hatte. Hier schreibe ich, was passiert ist.

Versammlung am Vormittag

Irgendwie stimmt's schon, dass die Polizisten beim ZPD echt groß sind. Ich muss mich als Teil meines Jobs eben einfach anpassen. In diesem Fall, indem ich mich auf meinen extragroßen Nashornstuhl stelle.

Erster Auftrag

Naja, mein erster Auftrag ist nicht ganz das, was ich erhofft habe – ich muss Falschparker aufschreiben. Ich wollte Chief Bogo sagen, dass ich einen Vermisstenfall übernehmen kann (ich war die Beste auf der Polizeischule, vielen Dank der Nachfrage), aber er ist stur wie ein Stier.

ALLES SEIN!
BLOG EINER HÄSIN IM ZPD ...

FAMILIE   **KONTAKT**

Falschparker
Mein Ziel waren 100 Strafzettel, aber ich habe noch vor der Mittagspause 200 geschafft! Und einen für mich obendrauf. Macht 201!

Sehr verdächtig
Ich gebe es nur ungern zu, aber heute hat mich ein Fuchs reingelegt! Er hat mich angelogen, einen Betrug begangen und mich sogar „dummes Häschen" genannt! Dieser Fuchs soll bloß aufpassen, denn ich behalte ihn im Auge. Und den feuchten Zement auch!

Einsames Abendessen
Nach einem harten Tag habe ich mir in der Mikrowelle eine Möhre warm gemacht. Die ganze Nacht hörte ich die Radaumachers, meine Nachbarn, herumlärmen. Ich hoffe, dass es morgen besser läuft.

8 PERSONEN GEFÄLLT DAS – 1 KOMMENTAR – TEILEN

 BONNIE HOPPS: Wie lieben dich! Strafzettel schreiben ist super!

JUDYS POLIZEI-AUSRÜSTUNG

Judy wollte schon immer die ZPD-Uniform tragen! Mit dem robusten blauen Anzug wird sie zur Wächterin von Recht und Gesetz. Für ihre Arbeit ist sie auch sonst gut ausgerüstet.

Treues Notizbuch

In Judys Notizbuch stehen ihre Hinweise. Sie notiert sich gern Beschreibungen und Daten – von Namen und Kennzeichen bis hin zu Klauenabdrücken zur Identifizierung.

Politessenwagen

Wer braucht schon ein schickes Polizeiauto, wenn man einen rasanten Politessenwagen mit maximal 3 km/h fahren kann?

Strafzettel

Sobald Judy mit ihren super-guten Hasenohren das „Pling" einer abgelaufenen Parkuhr hört, tippt sie das Kennzeichen des Autos ein, und ihr Gerät druckt einen Strafzettel aus. Judy ist begeistert! (Die Autobesitzer weniger.)

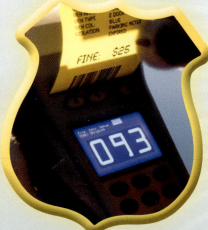

RICHTIG ODER FALSCH?

Judy verteilt Juniorpolizisten-Sticker an Kinder, damit sie ihren Traum verwirklichen.

Antwort: Richtig!

Sicherheit geht vor!

Modisch ist Judys orange Weste nicht, aber dafür sicher: Damit wird sie nicht übersehen. Ihr schmucker blauer Politessenhut macht das Outfit komplett.

„Officer Hopps. Bereit, die Welt zu verbessern?"
Judy zu ihren neuen ZPD-Kollegen

Offizielle Polizeimarke

Atmungsaktive Weste für alle Umgebungen

Feste Schutzweste

Extrakleine Knieschoner gegen Schürfwunden

Pfoten- und Fersenprotektoren

Möhrenstift
Judys Möhrenstift ist nicht nur schick. Er hat auch einen Stimmrekorder – echt praktisch für die kriminalistische Arbeit!

Maßgeschneidert
Judy ist die kleinste Polizistin, deshalb bekommt sie eine maßgeschneiderte Uniform mit weniger Rüstschutz als ihre Nashorn-Kollegen. Am Gürtel trägt sie außerdem etwas leichtere Geräte.

NICK WILDE

Der Fuchs Nick hält sich mit Tricksereien über Wasser. Schlagfertig dreht er unschuldigen Tieren seine Waren an. Träume von einem respektablen Lebenswandel hat dieser Tunichtgut längst aufgegeben. Sich selbst oder die Welt in naher Zukunft zu verändern, steht nicht auf dem Plan!

Trickreicher Plan

Einer von Nicks Tricks ist „Pfote am Stiel". Sein Partner Finnick macht Pfotenabdrücke in den Schnee. Dann gießt Nick das geschmolzene Jumboeis hinein. Es gefriert zu Pfoten am Stiel.

Buschiger Schwanz flattert beim Laufen

TOP 3 GEHEIMNISSE

1. Will insgeheim mehr sein als nur ein schlauer Fuchs.
2. Wollte als Kind Zoomania Junior Ranger werden.
3. Wurde als Welpe von Räuberkids gemobbt.

Erfahrener Schwindler

Nicks Sonnenbrille ist ein Werkzeug. Oft trägt er sie, um smart zu wirken oder nicht erkannt zu werden. Hier schützt sie ihn vor der Sonne, als er für seinen neuesten Plan ein riesiges Jumboeis schmilzt.

> „Das nennt man einen Trick, Süße."
> **Nick**

Entspannte, halb offene Lider

Starke Vorurteile

Nick kennt die Klischees: Hasen sind dumm, Faultiere langsam, Elefanten vergessen nicht und Füchse sind schlau. Er nutzt das, wenn es seinen Plänen zugutekommt!

Locker geknotete Krawatte

Weites Hemd mit saloppem Charme

FAKTEN

★ **LETZTER BEKANNTER WOHNORT:** 1955 Cypress Grove Lane, Zoomania

★ **TALENTE:** Kluger Geist, sympathisch, listenreich

★ **VORLIEBEN:** Leichtgläubige Tiere, neue Tricks

Zusammenarbeit

Als er Judy trifft, glaubt Nick, sie wäre leicht auszutricksen. Bei der Detektivarbeit merkt er, dass er sich in ihr geirrt hat, und auch in sich selbst! Er ist ein ziemlich guter Polizist – und ein ziemlich guter Freund.

FINNICK

Finnick ist ein winziger Wüstenfuchs – und nebenbei ein begnadeter Betrüger. Sein niedliches Äußeres ist perfekt für Tricks zum Geldscheffeln, die er mit seinem Partner Nick abzieht. Klein sein ist voll in Ordnung, solange man das große Geld damit macht!

SCHON GEWUSST?

In der Schule war Finnick immer der Kleinste. Einmal konnte er schwänzen, weil er einem Lehrer vormachte, sein eigener kleiner Bruder zu sein.

Riesige Flauschohren hören jede Sirene.

„Noch so ein Kuss, und ich beiß dir ins Gesicht."
Finnick zu Nick

Können diese Augen betrügen?

Schnullernuckeln gehört zur Verkleidung.

Verkleidungskünstler

Finnick wird nie von der Polizei erwischt. Jahrelang hat er sich in süßen Babyverkleidungen (Elefanten sind ein Klassiker) die perfekte Unschuldsmiene antrainiert.

Weiter Elefantenstrampler

28

Tiefes Knurren

Finnick sieht zwar wie ein Kind aus, klingt aber gar nicht danach! Seine Stimme ist extrem tief, deshalb muss Nick sprechen, während Finnick lediglich brabbelt – oder einfach versucht, sich im Kinderwagen nicht totzulachen.

Spießgesellen

Finnick und Nick treten oft als Vater und Sohn auf. Sie sind ein gutes Team, aber Nicks Witze über Finnicks Windeln und seine Größe nutzen sich recht schnell ab.

Am Steuer

Finnick fährt für sein Leben gern seinen Van, aus dem französischer Rap dröhnt. Aber er hat es nicht leicht am Steuer, weil er oft als minderjähriger Fahrer aufgehalten wird.

FAKTEN

 **PERSÖNLICHKEIT:** Ehrgeizig, reizbar

 **VORLIEBEN:** Schnelles Geld, französische Rapper

 **LETZTER PROFIT:** Ein Bündel Scheine mit Pfote am Stiel.

NICKS TIPPS
FÜR ANSTÄNDIGE ABZOCKE

Bei einem Fuchs rechnet man mit Tricks. Aber für Nick ist es nicht falsch und auch nicht verboten, schlauer zu sein als die Kunden. Als Fuchs muss man schließlich auch von was leben, stimmt's?

1. BESTIMME DEIN PRODUKT
Besorge etwas, das jeder mag. Eis ist immer eine gute Wahl.

2. WÄHLE DEINEN STANDORT
Willst du billig einkaufen und teuer verkaufen, nimm einen Laden in Elefantengröße. Dort gibt es Riesenportionen.

4. HOL ALLES RAUS AUS DEM, WAS DU HAST
Sobald du die Ware hast, teile sie in kleinere Portionen und verkaufe sie. Aus einem Riesenseis werden ganz viele kleine: ein tolles System!

3. SÜSSER KOMPLIZE AN BORD
Verkleide einen kleinen Wüstenfuchs als deinen Sohn, der unbedingt Elefant werden will, wenn er groß ist.

RICHTIG ODER FALSCH?
Judy verhaftet Nick, weil er ohne Erlaubnis Essen verkauft.

Falsch! Er hat die Erlaubnis. Der Fuchs ist gut vorbereitet.

6. NICHTS VERSCHWENDEN

Ein guter Bürger recycelt seinen Abfall. Außerdem ist des Einen Abfall des Anderen Schatz – und das ist gut für die Abzocke.

5. AUF ZU DEINEN KUNDEN

Lemminge. Du musst nur eines wissen: Einer kauft, die anderen folgen.

7. ALLES VERKAUFEN

Wie war das mit dem Schatz? Die Mausbauarbeiter in Little Rodentia kaufen rotes Holz. Benutzte Eisstiele sind nicht wertlos!

8. SEI BEREIT

Halte deine Papiere für die Polizei bereit. Gefängnis ist reine Zeitverschwendung.

FOLGEN SIE

Officer Hopps ist an was dran! An ihrem zweiten Tag als Politesse hört sie einen Hilfeschrei. Der Laden eines Schweins wurde gerade ausgeraubt! Hier kann sich Judy als echte Polizistin beweisen!

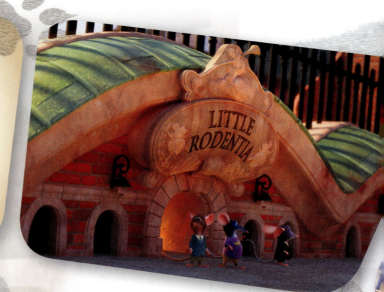

1. Durchquetschen
Das Wiesel flüchtet nach Little Rodentia. Die meisten Polizisten passen nicht durch den Eingang, aber Judy schon. Verstärkung holt sie nicht – sie will den Dieb selbst fangen.

Diebischer Pitzbühl
Der Dieb ist kein geringerer als der Herzog von Pitzbühl. Das Diebesgut sind Zwiebeln der Pflanze *Midnicampum Holicithias*. (Puh! Das klingt kompliziert.)

RICHTIG ODER FALSCH?
Chief Bogo gratuliert Judy zu ihrer erfolgreichen Festnahme des Wieseldiebs.

Falsch! Er ist wütend, dass sie ihren Posten verlassen hat.

DIESEM WIESEL!

2. Eine große Stütze
Man sieht es Judy nicht an, aber sie hat hart trainiert, um Polizistin zu werden. Als Pitzbühl Mäusehäuser ins Wanken bringt, stellt Judy mit ihren Hinterbeinen das Gleichgewicht wieder her.

3. Vorsichtige Schritte
Sogar ein Hase muss in Little Rodentia gut aufpassen. Die winzigen Bewohner sind es nicht gewohnt, dass so große Tiere durch die Straßen poltern.

4. Perfekt gefangen
Achtung! Der Dieb kickt Judy einen riesigen Deko-Donut entgegen. Er landet beinahe auf einer kleinen Spitzmaus namens Fru Fru. Aber Judy kann ihn noch rechtzeitig fangen.

5. Festgesteckt!
Judy fängt ihren Verdächtigen, indem sie ihm den Riesen-Donut überstülpt. Stolz rollt sie ihn ins ZPD-Hauptquartier – ihre erste eigene Festnahme!

Fallakte

Emmitt Otterton ist verschwunden. Tatort: sein Blumengeschäft, sein Haus oder vielleicht nichts von beidem. Spuren: keine. Zeugen: keine. Quellen: keine. Im Grunde gibt es für mich, Officer Judy Hopps, keine Möglichkeit, den Otter aufzuspüren. Oder etwa doch ...?

Frist zur Lösung des Falls: 48 STUNDEN!!

Säuger vermisst gemeldet von: Mrs. Otterton

- Ehefrau von Otterton
- Nervöses Auftreten
- Von Officer Clawhauser als „extrem aalglatt" beschrieben
- Sagt, dass etwas nicht stimmt.
- Behauptet, dass es nicht zum Charakter ihres Mannes passt.
- Behauptet, Otterton würde ihre „beiden schönen Kinder" nie verlassen.

Vermisster Säuger

- Name: Emmitt Otterton
- Bisherige ungeklärte Abwesenheit insgesamt: 10 Tage
- Beruf: Blumenhändler
- Spezies: Otter

Auffallende Merkmale:

- Eckige Drahtbrille
- Lange, dünne Schnurrhaare
- Braune Augen
- Ordentliche Krawatte
- Grünes Hemd und Pullunder
- Langer, kräftiger Schwanz

Wenn ich das Tier nicht in ZWEI Tagen finde, nimmt mir Chief Bogo die ZPD-Marke ab!

TIERISCHE VERMISSTENAKTEN

Aktennotiz: Das ZPD hat insgesamt 14 Vermisstenfälle in ganz Zoomania (und ich frage mich, ob sie alle so schwierig sind).

Letzter Aufenthaltsort
- Das Foto zeigt Otterton auf der Straße beim Naschen einer Leckerei.
- Sein Schatten lässt auf frühen Morgen oder späten Nachmittag schließen.

Beweisstück: Pfote am Stiel
- Snack als „Pfote am Stiel" identifiziert.
- Sieht ganz nach dem Werk eines gewissen Fuchses aus. Mögliche Verbindung?
- Bestätigt: Nick Wilde hat Otterton Pfote am Stiel verkauft.

Verbindung: Nick Wilde
- Spezies: Fuchs
- Grinsen – verdächtig?
- Besitzt vielleicht Informationen, um Otterton aufzuspüren.
- Wie kann ich ihn zum Zusammenarbeiten bringen?

SPUR ZU NEUEM ORT
- Wilde weiß nicht, wo Otterton ist, behauptet aber, seinen letzten Aufenthaltsort zu kennen.
- Nächster Halt: Mystic Spring Oasis! Ein Spa am Sahara Square.

Wilde prahlt (Aufnahme auf meinem Möhrenstift) mit Profiten:

200 Dollar pro Tag, 20 Jahre lang = 1 460 000 Dollar. Bei der Steuer angegeben: 0 Dollar.

Strafe für falsche Steuerangaben: fünf Jahre Gefängnis. Wilde wird mir bei der Ermittlung helfen.

ZWEITE BÜRGERMEISTERIN BELLWETHER

Dawn Bellwether ist ein sanftes, ruhiges Schaf. Sie findet es absolut wichtig, dass die „Kleinen" zusammenhalten. Als Zweite Bürgermeisterin von Zoomania muss sie sich viel um Akten kümmern und den Kalender des Bürgermeisters führen.

Hoch aufgetürmte Wolle, um etwas größer zu wirken

Die Brille vergrößert die unschuldigen Augen.

Elegante, aber praktische Kleidung

Schmuck (aber bloß nichts Schrilles!)

Kleine halten zusammen

Bellwether freut sich, dass Judy die Ermittlungen aufnimmt. Sie weiß, dass Judy, weil sie eine von den Kleinen ist, die Sache gut erledigen wird.

Leuchtend weiße Wolle

Das winzige Büro der Zweiten Bürgermeisterin Bellwether ist eigentlich ein alter Hausmeisterschrank! Sie behauptet, die Bleichedämpfe halten ihre Wolle weiß.

Wachsam bleiben

Mit einem Schafkalender und Blumenstickern lässt Bellwether ihren Schreibtisch gemütlich wirken. Sie beschreibt sich als „bessere Sekretärin", aber sie hat Computerdaten aus der ganzen Stadt: eine Menge Macht in ihren Hufen!

Weggeschoben

Bellwether muss drängeln, um auf die Fotos des Bürgermeisters mit den neuen Polizisten zu kommen. Lionheart bemerkt sie kaum.

FAKTEN

⭐ **VORLIEBEN:** Nippes, Wertschätzung

⭐ **LIEBLINGSGESCHENK:** Tasse von Lionheart, Aufschrift: „Weltbeste Zweite Bürgermeisterin"

⭐ **ABNEIGUNGEN:** Dass immer Raubtiere regieren

Neuigkeiten für den Boss

Bellwether textet dem Bürgermeister gleich, dass Judy den Otterton-Fall übernimmt. Denn seine Säuger-Inklusions-Initiative wirkt bereits: Eine Häsin arbeitet bei der Kriminalpolizei!

LÖSE DEN FALL

Bellwether hilft Judy und Nick bei der Suche nach einem Zeugen, der von Wölfen entführt wurde. Dazu gibt sie Judy Zugang zu den Verkehrskameras.

STRASSENWISSEN

Landhäschen Judy muss in der Stadt viel lernen, aber der neunmalkluge Nick kennt die Straßen wie seine Pfotenrücken. Die Regeln sind für Neuankömmlinge genauso wichtig wie für alte Hasen (und Füchse).

FERNHALTEN von Hörnchen mit Blitzlicht und „Schwerlast". Vielleicht ist es ein Elefantentransport.

NICHT NEBEN WOLFS-RUDELN HEULEN
(AUSSER SIE SIND GERADE BEI EINEM GEHEUL).

TRITT NICHT IN FEUCHTEN ZEMENT —
DER GEHT NUR SCHWER AUS DEM FELL.

NAGER AUFGEPASST:
ELEFANTENTOILETTEN SIND GEFÄHRLICH.
NICHT SCHWIMMEN!

38

ACHTUNG IN FAHRZEUGEN:
RÜSSEL, OHREN UND SCHWÄNZE IMMER DRINNEN HALTEN!

NIE VOR ANRÜCKENDEN HERDEN GEHEN,
WENN KEIN STACHELSCHWEIN DAZWISCHEN IST.

IMMER ERST VIERMAL SCHAUEN, DANN ÜBER DIE STRASSE GEHEN (RECHTS, LINKS, OBEN UND UNTEN).

GRÖSSERE TIERE DÜRFEN MÄUSEZÜGE WEDER BEHINDERN NOCH AUF DEM DACH MITFAHREN.

AMPELN GELTEN AUCH FÜR LEMMINGE.

TOP 3 YOGA ÜBUNGEN

1. Herabschauender Hund
2. Halbmond
3. Baumstellung

Vergnügungsgrotte

Die Vergnügungsgrotte des Spas ist eine Ruheoase, die von Palmen und Blumen umgeben ist. Hier planschen Tiere im klaren Wasser und schlummern auf warmen Felsen.

Elefantennickerchen über dem Wasserfall

Das Zebra schüttelt die Mähne trocken.

MYSTIC SPRING OASIS

Dieses Spa ist Entspannung pur. Hier lassen es sich alle Arten von Städtern gut gehen, vom Konzern-Yak bis hin zum Bären-Polizisten. Besucher können sich bei Meditation, Yoga, im heißen Wasser oder im Schlamm entspannen. Seife ist nicht erlaubt!

Pause machen
Beim Eintritt werden alle Tiere ermutigt, die Aromen von Räucherwerk und Körpergerüchen zu genießen. Die Räume sind dunkel und still, damit die Umgebung beruhigend wirkt.

Lebe deine Natur
Eiskalte Trinkbrunnen kühlen die Gäste nach einem heißen Volleyballspiel. Auch die Tatsache, dass die Gäste nackt spielen, hält sie kühl – das Spa ist ein FKK-Club, das heißt, dass hier kein Tier Kleider trägt.

Idealer Felsenliegeplatz zum Sonnen

Exotische Paradiesvogelblumen

Gepunkteter Schwimmreifen in Pink

YAX

Hippie Yax ist der nackte Yak am Empfang des Spas. Diesen Burschen bringt nichts aus der Ruhe – es sei denn, er muss eine Hose anziehen. Der achtsame Yax kann Judy alles aufzählen, was Otterton bei seinem Besuch getan hat, und zwar mit genauer Uhrzeit und Wetter.

Vergesslicher Elefant
Yax bringt Judy und Nick zur Elefantin Nanga, Ottertons Yoga-Lehrerin. Nanga kann sich an nichts über den Otter erinnern. Nicht jeder Elefant hat ein tolles Gedächtnis …

Netter Empfang
Yax hat auf dem Tresen viele Kerzen, um den Gästen eine nette Atmosphäre zu bereiten. In ihrem Licht kann er auch das Foto von Otterton begutachten, das Judy ihm reicht.

FAKTEN

- **Alter:** Ist doch unwichtig, Mann.
- **Abneigungen:** Kleidung, Deo
- **Hobbys:** Singen, Räucherstäbchen

Völlig versunken
Yax lässt sich nicht bei seiner Meditation stören. Je mehr man ihn belästigt, umso lauter singt er. Er denkt, Judy will ihm Pfadfinderhasenkekse verkaufen!

Stets summen Fliegen um ihn herum.

Sehr lange nicht gewaschenes Zottelhaar

Mystische, orange Perlen und Anhänger

Meditation im Lotussitz

LÖSE DEN FALL

Da Yax sich an jeden und alles erinnert, erfahren Judy und Nick die Nummer des Autos, in das Otterton stieg – 29THD03.

Nackt ist natürlich

Dass Yax – und die übrigen Tiere – nackt sind, schockiert Judy. Noch schockierter ist sie, als auch Nick die Hose auszieht!

Der Körper ist ein Tempel

Yax findet seinen Körper super. Er soll rein und natürlich bleiben. Das heißt, dass er sich nie die Haare schneidet, Kleider trägt oder Seife benutzt.

DMV-BÜROS

Die Zulassungsstelle für tierische Fahrzeuge hat die Aufgabe, Daten zu allen Fahrzeugen in Zoomania zu erheben, von Giraffenmobilen bis hin zu Mäuseautos. Zum Glück sind die Mitarbeiter gut. (Nur sehr langsam!)

Schwere Augenlider

Schlangen und Absperrband

Die Mitarbeiter des DMV sind freundlich, aber es sind alles Faultiere – die langsamsten Tiere in Zoomania. Wenn man etwas von ihnen braucht, sollte man viel Zeit mitbringen.

SCHON GEWUSST?

Selbst die kleinsten Nagerfahrzeuge muss man beim DMV registrieren.

Langsamer Service
Bevor man das DMV-Gebäude betritt, sollte man die Sonne genießen, solange es möglich ist. Bis man wieder herauskommt, ist der Tag vorbei.

Freundschaftsdienst
Wie gut, dass Nick einen alten Kumpel hat, der beim DMV arbeitet. Er kann Judy bei ihrer Ermittlung helfen, indem er ein Kennzeichen nachverfolgt.

FLASH

Das freundliche Faultier Flash hilft jedem, der an seinen Schreibtisch tritt – aber schnell geht es nicht! Nick versichert Judy, dass Flash ein Kennzeichen aufspüren kann. Er erwähnt nur nicht, wie lange es dauert.

LÖSE DEN FALL

Judy und Nick erfahren, dass Emmit Otterton zuletzt in einem in Tundratown registrierten Auto gesehen wurde.

Lange Klauen mit Spitzen zum Tippen

Papierkram
Während sie drucken, tackern und Dokumente stempeln, stapelt sich das Papier bei den Faultieren! Für einen guten Witz haben sie jedoch immer Zeit.

Judys Ungeduld
Judy kann nicht glauben, wie langsam Flash tippt. Bei einem DMV-Mitarbeiter wurde gemessen, dass er alle zehn Sekunden einen Buchstaben tippt. Das ist etwa ein Wort pro Minute!

Bitte lächeln
Führerscheinfotos dauern bei Flashs Kollegen so lange, dass die meisten Tiere sich ins Zeug legen müssen, um noch in die Kamera zu lächeln.

Die Zeit verrinnt zu schnell

Flash merkt nicht, dass Judy es eilig hat. Für das Kennzeichen braucht er so lange (auch weil Nick ihn ständig unterbricht), dass es dunkel ist, bis sie fertig sind. Sie haben nur noch 36 Stunden für den Fall!

FAKTEN

- **BERUF:** DMV-Mitarbeiter
- **HOBBYS:** Bäumen beim Wachsen zuschauen
- **VORLIEBEN:** Sirup, lustige Witze hören

Nicks Kumpel

Flash ist mit Nick befreundet. Zumindest behauptet Nick das. Es würde viel zu lange dauern, bis Flash die Freundschaft bestätigt oder leugnet.

Flash lächelt immer verschlafen.

In einer Stunde bindet Flash eine Krawatte.

Wer sich kaum bewegt, verknittert auch keine Hemden.

„Flash, Flash, Überholspur, Crash!"
Nick

MR. BIG UND FRU FRU

Mr. Big ist der größte kleine Verbrecherboss in Tundratown. Viele Tiere zittern vor ihm – sogar andere Verbrecher! Seine Tochter Fru Fru dagegen ist eine echt nette Spitzmaus.

FAKTEN
- **BERUF:** Ihr Taschengeld ausgeben
- **VORLIEBEN:** Leoparden-Jeggings, neue Trends
- **ABNEIGUNGEN:** Miese Maniküre

Zukünftige Braut
Weil sie bald heiratet, ist Fru Fru stets am Planen ihrer perfekten Hochzeit. Diese Spitzmaus führt ein Leben in Wohlstand und ist sehr warmherzig. Sie merkt sich jede nette Geste.

Dramatische Turmfrisur mit Blumen

Goldene Ohrringe

Rock aus feinster Seide

Brautkleid mit schönen Spitzenärmeln

Einkaufsalbtraum
Fru Frus idealer Tag besteht aus Einkaufen mit Freundinnen und einem Schwatz über Mode. Auf Riesendonuts, die sie beinahe zermalmen, kann sie aber verzichten!

Achtung, Eis!

Tiere, die Mr. Big in die Quere kommen, werden schnell abserviert – in einer Eisgrube! Mr. Bigs Bodyguards wollen Nick und Judy frosten. Erst als Fru Fru ihrem Vater erzählt, dass sie Judy ihr Leben verdankt, werden die beiden verschont.

LÖSE DEN FALL

In Mr. Bigs Limousine gibt es Beweise: Ottertons Börse und Kratzspuren. Judy und Nick brauchen den Chauffeur Manchas – vielleicht weiß er, wo Otterton ist.

Reichtum und Respekt

Mr. Big ist eine reiche Spitzmaus, und jeder Tunichtgut in Zoomania hat Respekt vor ihm. Mit Nick hat der Mini-Mafioso eine Rechnung offen, denn er ist dem Fuchs schon einmal auf den Leim gegangen!

Buschige Brauen lassen keine Miene erkennen.

Teurer Dreiteiler für die Hochzeit

Extravaganter Stuhl aus Gold und Holz

FAKTEN

★ **BERUF:** Verbrecherboss

★ **ABNEIGUNGEN:** Tiere, die seine Familie bedrohen

★ **VORLIEBEN:** Cannoli-Gebäck, CDs von Pavaratti

49

MR. BIGS ANWESEN

Der mächtigste Verbrecherboss der Stadt betreibt seine Geschäfte mitten im frostigen Tundratown. Zwischen den Eisgebäuden und auf den langen Gängen bewachen ihn Eisbären.

Eiszapfen von der kalten Luft

Zutritt verboten

Mr. Bigs Anwesen ist abgeriegelt. Ein Wink mit dem Zaunpfahl: Nicht uneingeladen betreten. Wird man dorthin eingeladen, macht man sich lieber aus dem Staub!

Unvergessen

Für seine geliebte Großmutter hat Mr. Big einen Schrein errichtet. Ihr Bild steht auf einem schneebedeckten Regal, daneben Blumen und Kerzen. Nichts ist zu gut für Großmutter!

Hochzeitsfest

Mr. Bigs Heim ist der perfekte Ort für die Hochzeit seiner Tochter. Die kleinen Mäusegäste verspeisen winzige Hochzeitstortenstücke und tanzen inmitten von zierlichen Tischen und Stühlen.

WAS FÜR EIN ZOOMANIER BIST DU?

Es gibt die unterschiedlichsten Tiere in Zoomania, und damit auch viele verschiedene Persönlichkeiten! Bist du ein Träumer, Rebell, Anführer oder jemand, der einfach gern der Herde folgt? Finde es bei diesem Quiz heraus.

Würdest du gerne in einer großen, aufregenden Stadt leben?

Ja

Verlierst du rasch die Geduld?

Nein

Nein

Du bist wie Stu Hopps. Du lebst lieber in Ruhe abseits von Lärm und Verkehr. Du magst die Natur und hast gern deine Familie um dich.

Ja

Du bist wie Chief Bogo. Du bist der geborene Anführer und kommst schnell zur Sache, ohne lange herumzuquatschen.

MANCHAS

Der große, starke Jaguar Manchas wohnt im dunstigen Amazonas-Viertel. Er ist der Kronzeuge in Judys Fall! Sein Job als Mr. Bigs Chauffeur macht ihn zum letzten Tier, das Emmitt Otterton gesehen hat, bevor er verschwand.

Ein schwieriger Passagier
Manchas hält im Rückspiegel immer nach Schwierigkeiten Ausschau. Bei der Fahrt mit Otterton ist etwas Tumult auf dem Rücksitz die einzige Warnung, bevor der Otter ihn angreift.

Regenwaldheim
Nick und Judy folgen einem Tipp von Mr. Big, um Manchas' Wohnort zu finden. Im Amazonas-Viertel gelangt man über rutschige Brücken zu moosbedeckten Häusern in Baumstämmen.

Auf vorsichtigen Pfoten über die Wackelbrücke

Wilder Jaguar

Manchas ist eigentlich ein ruhiger, sanfter Jaguar. Aber er hat Ottertons Geschichte gerade erst fertig erzählt, als auch er zur Bestie wird! Der Jaguar geht auf alle Viere und springt Judy und Nick an. Sie müssen sich etwas einfallen lassen, um ihn aufzuhalten.

Manchas' Heim in einem hohlen Baumstamm

Über Manchas' Eingang brennt eine Lampe.

Wankende Seilbrücke hoch oben über dem Waldboden

FAKTEN

 WOHNORT: An der Ecke von Vine und Tujunga Street

 VORLIEBEN: Nässe, bequeme Klamotten, die Zeitschrift *Cat Fancy*

 ABNEIGUNG: Irre Passagiere herumfahren

Wilde Bestien

Als Manchas verschwindet, verfolgen Judy und Nick ihn zum Cliffside Asylum. In diesem dunklen Krankenhaus sind auch die anderen 14 vermissten Tiere des ZPD. Sie sind alle zur Bestie geworden!

ZWEIGETEILT

Aufruhr in Zoomania! Judys Ansprache, dass es sich bei allen Vermissten um zu Bestien gewordene Raubtiere handelt, stiftet Chaos. Es gibt Proteste auf der Straße und Debatten in den Medien. Beute und Räuber entzweien sich. Einige wollen Frieden, andere Krieg …

RAUBTIERE

Eilmeldung! Laut Officer Hopps werden Raubtiere wegen ihrer Gene zur Bestie. „Vielleicht", so Hopps, „kehren sie wieder zu ihrer wilden Natur zurück". Womöglich stellen also alle Raubtiere eine Gefahr dar!

GROSSER UNMUT

Raubtiere werden in öffentlichen Verkehrsmitteln von Beutetieren angefeindet.

GEGEN RÄUBER

In einem Interview sagt der Moderator zu einem Tiger, die Angriffe seien „doch vorprogrammiert". Er beschuldigt ihn, „die Beute-Jäger-Kluft unter den Teppich kehren" zu wollen.

BEUTE

Marvin 17:44
Ich ziehe mit meiner Mausfamilie weg. Als Beute ist man nicht mehr sicher!

Bob 18:48
Spinnst du! Wir sind seit Jahren Nachbarn. Du hast vor uns Räubern nichts zu befürchten!

Muriel 18:51
He, Löwe, geh doch heim in die Sümpfe!

Bob 18:53
Ich bin aus der Savanne!

WEITERER ANGRIFF!
CHINCHILLA IM KRANKENHAUS

Ein Chinchilla wurde während des bisher 27. Angriffs auf Beutetiere schwer von einem Eisbären verletzt. Aktuell gibt es keine Erklärung für diesen brutalen Akt.

„ALS NÄCHSTES auf Radio Zoot: Sollen Raubtiere einen Maulkorb bekommen?"

FRIEDEN & EINIGKEIT FÜR ALLE TIERE!

JUDYS TÄTERSUCHE

Mein erster Fall ist ganz schön knifflig! Ein Polizist muss viel notieren und alle Spuren, Zeugen und Verdächtigen im Auge behalten. Hoffentlich finde ich so heraus, wer sich Emmitt Otterton geschnappt hat ... und warum.

A: NICK WILDE

B: MR. BIG

C: MANCHAS

Otterton wurde zur Bestie, griff C (den Chauffeur von B) an und ist weg.

Die Ware von A war auf dem Foto mit der letzten Sichtung von Otterton.

Otterton ist der Florist für die Hochzeit der Tochter von B.

Eisbärenfell, Ottertons Börse und Kratzspuren waren im Auto von B.

Laut C hat Otterton „Könige der Nacht" gebrüllt. Was ist das?

Auch C wurde zur Bestie und ist weg. Von Wölfen entführt – Spur zum Cliffside Asylum.

B und A sind verkracht wegen eines teuren Läufers – aus Haaren vom Skunk-Po.

58

CLIFFSIDE ASYLUM

Ein altes Krankenhaus. Sind hier Wölfe beschäftigt? Wölfe = Könige der Nacht?

F hat mir erlaubt, ihren Computer zu benutzen, um die Verkehrsvideos anzuschauen. Das hat mir geholfen, C im Krankenhaus aufzustöbern.

D: BÜRGERMEISTER LIONHEART

E: HERZOG VON PITZBÜHL

F: ZWEITE BÜRGERMEISTERIN BELLWETHER

D im Krankenhaus gesichtet. Was macht er hier? Alle 14 vermissten Tiere plus C in Käfigen. Alle sind zu Bestien geworden!

Weshalb hat E die Blumen aus dem Laden gestohlen?

F hat einige ungewöhnliche Ansichten über Beutetiere. Gibt es da etwas, das sie mir verschweigt?

D gab den Befehl, die Tiere zu fangen und einzusperren. Er will alles vertuschen! Was geht hier vor?

E gestand, dass der Zielort der Blumen eine verlassene U-Bahnstation war. Warum?

60 - GEHEUL DER WOCHE

„ ... je mehr wir einander verstehen, desto außergewöhnlicher wird jeder von uns ... "

Finnicks Tricks

„Mit seinem Schnuller sah dieser Fuchs wie ein Kind aus, nur stellte sich heraus, dass er ein Tunichtgut ist. Aber er hat ja wohl doch ein Herz – er hat mich zu Nick gebracht, als Not am Mann war." – Judy

SCHON GEWUSST?

Nicks und Judys erste Aufgabe als Partner ist Streife fahren auf der Skunk-Pride-Parade!

Was für ein Team!

„Wir haben das Rätsel gelöst, und jetzt? Ich bin Polizist und wir sind das beste Team im ZPD! Der ein oder andere Hasenwitz rutscht mir noch raus, aber ich wette, Judy weiß, wie sehr ich sie mag." – Nick

Liebliche Betrügerin

„Sieh sich einer dieses scheinbar sanftmütige Schaf an! Die großen Augen und weißen Locken lassen es ganz flauschig wirken, nicht? Schau nochmal hin, mein Freund. Nochmal. Diese machthungrige fiese Schurkin ist Selbstsucht pur." – Nick

Dummes Häschen

„Bei unserem ersten Treffen hielt ich Judy für ein dummes Häschen vom Land. Und okay, manchmal lebt sie immer noch in Wolkenkuckucksheim, aber sie ist schlau. Sie hat mich ausgetrickst!" – Nick

BEWERTE EIN TIER NICHT NACH SEINEM PELZ!

Vorurteile sind auch im modernen Zoomania ein Problem. Schafe sind nett, oder? Was ist mit dem Gedächtnis von Elefanten? Es braucht schon ein ungewöhnliches Team aus Fuchs und Häsin, um die Einstellung einer ganzen Stadt zu ändern!

Nicht so zuversichtlich

„Ich war echt überrascht, wie viel Angst Nick vor Mr. Big hatte! Seine verwundbare Seite war mir völlig neu." – Judy

Mr. Big?!

„Um uns waren lauter Eisbären. Wer hätte gedacht, dass der berühmte Mafiaboss Mr. Big eine Spitzmaus wäre? UND er half uns, den Fall zu lösen!" – Judy

POLIZEILICHE ZULASSUNGSPRÜFUNG

Hier den Namen eintragen

NICK WILDE

Dies ist die polizeiliche Zulassungsprüfung. Das ZPD ist stolzer Unterstützer der Säuger-Inklusions-Initiative: Ob Sie Räuber oder Beute sind, groß oder klein, wir heißen Sie bei den Einsatzkräften willkommen.

Sie haben 30 Minuten Zeit, um diesen Test auszufüllen.

GEHEUL ODER KLOPAUSE SIND **NICHT** ERLAUBT.

BITTE LESEN SIE JEDE FRAGE AUFMERKSAM UND WÄHLEN SIE DIE KORREKTE ANTWORT.

1   *Eine Eiskugel mit einem Rüssel ohne Handschuh formen ist:*

a: Eine Übertretung einer Gesundheitsvorschrift der Klasse 3.
b: Eine gute Möglichkeit, die Ware zu testen.
c: Eine gängige Methode in Eisdielen.

2   *Es ist gestattet, Güter ohne Erlaubnis über Gemeindegrenzen zu bringen.*

a: Richtig.
b: Vielleicht. Kommt darauf an, ob das transportierte Gut lecker ist.
c: Falsch.

3   *Welcher der folgenden Fälle gilt als Notfall?*

a: Gummischnabeltier steckt im Abfluss fest.
b: Echtes Schnabeltier steckt im Abfluss fest.
c: Stau.

4   *Bei der Suche nach Falschparkern sollte man versuchen:*

a: Nur großen Fahrzeugen Strafzettel zu geben.
b: Allen falsch abgestellten Fahrzeugen Strafzettel zu geben.
c: Falsch abgestellte pinke Fahrzeuge zu ignorieren.

5   *10-91 ist der Funkcode der Polizei für:*

a: Tier in Tutu gesichtet.
b: Diensthabender Officer muss mal.
c: Zur Bestie gewordenes Tier gesichtet.

6   *Es ist illegal, ohne Durchsuchungsbefehl auf ein Grundstück einzudringen.*

a: Richtig.
b: Falsch.
c: Richtig, außer es gibt einen guten Grund, etwa, wenn eine verdächtige Gestalt über den Zaun klettert.

Antworten: 1. a   2. c   3. b   4. b   5. c   6. c

DANKSAGUNG

DK London
Redaktion Ruth Amos
Redaktionsassistenz Lauren Nesworthy
Gestaltung und Satz Lynne Moulding,
David McDonald, Toby Truphet
Herstellung Marc Staples, Lloyd Robertson
Cheflektorat Sadie Smith
Bildredaktion Ron Stobbart
Art Director Lisa Lanzarini
Redaktionsleitung Julie Ferris
Programmleitung Simon Beecroft

Für die deutsche Ausgabe:
Programmleitung Monika Schlitzer
Projektbetreuung Christian Noß
Herstellungsleitung Dorothee Whittaker
Herstellungskoordination Arnika Marx
Herstellung Claudia Bürgers,
Sabine Hüttenkofer

Titel der englischen Originalausgabe:
Disney Zootopia. The Essential Guide

© Dorling Kindersley Limited, London, 2016
Ein Unternehmen der Penguin Random House Group
Alle Rechte vorbehalten
Seitengestaltung Copyright © 2016 Dorling Kindersley Limited

Copyright © 2016 Disney Enterprises, Inc.
All rights reserved.

© der deutschsprachigen Ausgabe by
Dorling Kindersley Verlag GmbH, München, 2016
Alle deutschsprachigen Rechte vorbehalten
1. Auflage, 2016

Jegliche – auch auszugsweise – Verwertung, Wiedergabe,
Vervielfältigung oder Speicherung, ob elektronisch, mechanisch,
durch Fotokopie oder Aufzeichnung, bedarf der vorherigen
schriftlichen Genehmigung durch den Verlag.

Übersetzung Simone Heller

ISBN 978-3-8310-3026-2

Druck und Bindung TBB, Slowakei

Besuchen Sie uns im Internet
www.dorlingkindersley.de
www.disney.com